SUPERLESER! 2. Lesestufe
Annas Safari-Tagebuch

SUPERLESER! 2. Lesestufe
Meine Reise zu den Elefanten

SUPERLESER! 2. Lesestufe
Besuch vom Dino-Forscher

SUPERLESER! 2. Lesestufe
LEGO NEXO KNIGHTS
RITTER GEGEN MONSTER

SUPERLESER! 2. Lesestufe
Mats und Pia retten eine Robbe

SUPERLESER! 2. Lesestufe
Kampf um Burg Eliot

SUPERLESER! 2. Lesestufe
Expedition zum Mars

SUPERLESER! 2. Lesestufe
Wettlauf zum Mond

SUPERLESER! 2. Lesestufe
STAR WARS
DIE GESCHICHTE VON DARTH VADER

SUPERLESER! 2. Lesestufe
WONDER WOMAN
SUPERHELDIN UND PRINZESSIN

SUPERLESER! 2. Lesestufe
Krokodil-Abenteuer am Fluss

SUPERLESER! 2. Lesestufe
Mein Sommer mit den Pandas

SUPERLESER! 2. Lesestufe
Heute mal Prinzessin?

SUPERLESER! 2. Lesestufe
STAR WARS
FINNS AUFTRAG

SUPERLESER! 2. Lesestufe
Paul im Fußballcamp

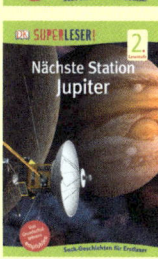

SUPERLESER! 2. Lesestufe
Nächste Station Jupiter

SUPERLESER! 2. Lesestufe
STAR WARS REBELS
ANGRIFF AUF DAS IMPERIUM

SUPERLESER! 2. Lesestufe
STAR WARS
MUTIGE HELDEN

SUPERLESER! 2. Lesestufe
Abenteuerferien im Regenwald

SUPERLESER! 2. Lesestufe
Willkommen auf meiner Burg

SUPERLESER! 2. Lesestufe
LEGO Friends
Ein Sommer voller Abenteuer

SUPERLESER! 2. Lesestufe
LEGO NINJAGO
DIE GROSSE VERFOLGUNGSJAGD

SUPERLESER! 2. Lesestufe
Lottes Reise durch den Dschungel

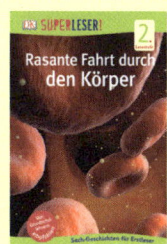

SUPERLESER! 2. Lesestufe
Rasante Fahrt durch den Körper

SUPERLESER! 2. Lesestufe
Die geheime Welt der Haie

SUPERLESER! 2. Lesestufe
LEGO NINJAGO
DIE GRÖSSTEN NINJA-ABENTEUER

WONDER WOMAN™

SUPERHELDIN UND PRINZESSIN

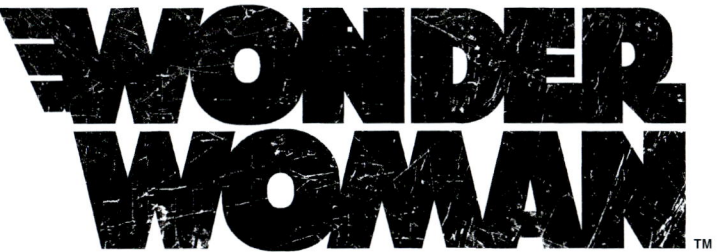

Lektorat Lauren Nesworthy, Sadie Smith, Maureen Fernandes,
Julie Ferris, Simon Beecroft
Gestaltung und Bildredaktion Lisa Rogers, Ron Stobbart, Lisa Lanzarini
Herstellung Siu Chan, Zara Markland

Für die deutsche Ausgabe:
Programmleitung Monika Schlitzer
Projektbetreuung Christian Noß
Herstellungsleitung Dorothee Whittaker
Herstellungskoordination Katharina Schäfer
Herstellung Claudia Bürgers, Sabine Hüttenkofer

Titel der englischen Originalausgabe:
Wonder Woman Warrior for Justice

© Dorling Kindersley Limited, London, 2017
Ein Unternehmen der Penguin Random House Group
Alle Rechte vorbehalten

Seitengestaltung © 2017 Dorling Kindersley Limited

© der deutschsprachigen Ausgabe by Dorling Kindersley Verlag GmbH,
München, 2020
Alle deutschsprachigen Rechte vorbehalten
1. Auflage, 2020

Text Liz Marshall
Übersetzung Simone Heller
Lektorat Linda Sturm-Becker

ISBN 978-3-8310-3977-7

Druck und Bindung TBB, a.s., Slowakei

MIX
Aus verantwortungs-
vollen Quellen
FSC® C022120

www.dorlingkindersley.de

Inhalt

WAHRE HELDIN

Sie ist Diana, Prinzessin der Amazonen. Sie ist stark wie Superman und klug wie Batman. Sie läuft schnell wie der Wind und fliegt wie ein Vogel. Sie stellt sich gegen alle, die Krieg führen, überall auf der Welt. Sie ist Wonder Woman!

Wonder Womans Mission

Wonder Woman gehört zu den mächtigsten Superhelden der Erde!

Sie glaubt an Frieden und Gerechtigkeit. Darum redet sie lieber, statt zu kämpfen. Sie weiß, dass man Probleme am besten löst, wenn man die Menschen gerecht behandelt. Doch sie ist bereit, ihre Kräfte einzusetzen, um die Bedürftigen zu schützen. Manchmal sind die Kämpfe hart, aber Wonder Woman fürchtet sich nie. Es braucht viel Mut, sich so mächtigen Gegnern zu stellen!

Wonder Woman sagt nicht nur, wofür sie steht, sie zeigt es auch durch ihre Taten. Damit wird sie zur starken Anführerin – und zur noch stärkeren Heldin.

Leben im Paradies

Einst beschließen die griechischen
Götter, eine Insel zu segnen und sie
vor der übrigen Welt zu verbergen.
Sie erschaffen Themyscira,
die Paradiesinsel.

Auf dieser schönen Insel, fern von
jedem anderen Land, lebt ein
Stamm von Frauen, die Amazonen.
Jahrhunderte vergehen, aber die
Amazonen altern und sterben nie.
Sie leben ohne Strom und andere
moderne Technik. Sie sind zwar geübte
Kriegerinnen, wahren aber den Frieden.

Bevor Wonder Woman ihr Leben
dem Erhalt des Weltfriedens widmet,
ist sie auf dieser Insel zu Hause.

Königliche Geburt

Über die Amazonen herrscht die weise, schöne Königin Hippolyta. Die Königin möchte ein Kind und betet darum zu den Göttern. Eines Nachts erfüllen die Götter der Königin ihren Wunsch. Sie tragen ihr auf, ein Kind aus dem Sand der Insel zu formen. Die Königin kniet sich ans Ufer und schöpft feuchten Sand mit den Händen. Bald hat sie ein kleines Mädchen geformt.

Die Götter berühren den Sand, und das Baby wird lebendig! Hippolyta freut sich sehr und nennt ihre neue Tochter Diana.

Diana wächst auf

Prinzessin Diana ist beliebt bei allen Amazonen. Sie bringen ihr Reiten und Jagen, Einfallsreichtum und Neugier bei. Diana lernt kämpfen, aber auch, dass man Kämpfe lieber vermeidet.

Die Amazonen lehren sie, Probleme zu
lösen und alles Lebendige zu lieben.
Diana lernt schnell, und bald redet
sie mit den besten Denkerinnen und
trainiert mit den besten Kriegerinnen.
Sie erkundet ihre Insel, bis sie jeden
Teil gut kennt. Diana liebt ihre Heimat.
Aber immer wieder fragt sie sich: Was
ist da draußen hinter dem Meer?

Eine neue Heldin

Irgendwann wird den Amazonen klar, dass sie sich nicht ewig verstecken können. Flugzeuge fliegen am Himmel und Satelliten vermessen die Erde. Es ist nur eine Frage der Zeit, bis die Menschen die Paradiesinsel finden werden.

Königin Hippolyta möchte in einem Turnier die stärkste, schnellste und klügste

Amazone finden. Die Gewinnerin soll
die Paradiesinsel als Botschafterin in
der Welt vertreten.

Diana gewinnt alle Wettbewerbe.
Sie will die Welt sehen – und die Welt
wird Wonder Woman sehen!

DIE GÖTTER
★ DER AMAZONEN ★

Die Amazonen beten zu mächtigen griechischen Göttern. Jeder Gott und jede Göttin kann jenem, der es verdient, besondere Fähigkeiten schenken. Einige helfen Wonder Woman, indem sie ihr Kräfte für ihren Kampf um Gerechtigkeit geben.

DEMETER
Göttin der Ernte

★ Gibt Wonder Woman: Superstärke, schnelle Heilung

HERMES
Götterbote

★ Gibt Wonder Woman: Supertempo, Flugkraft

Die Götter leben auf dem schönen Berg Olymp. Dieses Götterreich ist hoch oben, wo die Menschen es nicht sehen.

ATHENE
Göttin der Weisheit

★ Gibt Wonder Woman: Kenntnis aller Sprachen, Weisheit in Krieg und Frieden

ARTEMIS
Göttin der Jagd

★ Gibt Wonder Woman: Superhörsinn, Supersehkraft und andere starke Sinne

HEPHAISTOS
Gott der Schmiede

★ Gibt Wonder Woman: das Goldene Lasso der Wahrheit

Göttliche Waffen und Kräfte

Viele Amazonen tragen große silberne Armreife an beiden Armen. Doch die von Wonder Woman sind ganz besonders!

Als Diana das Turnier auf der Paradiesinsel gewinnt, erhält sie eine wertvolle Belohnung: Armreife aus dem Schild von Athene, der Göttin der Weisheit. Diese magischen Bänder sind unzerstörbar. Kugeln, Energiewogen und Laser prallen von ihnen ab.

Wenn Wonder Woman die Armreife aneinanderschlägt, erzeugen sie eine mächtige Energiewelle, die ihre Gegner von den Füßen fegt.

Das Goldene Lasso der Wahrheit

Wonder Womans wichtigste Waffe ist ihr Goldenes Lasso der Wahrheit.
Sie fängt damit Gegner und fesselt sie –
aber dafür könnte sie jedes Seil nehmen.
Das Lasso kann viel mehr.

Dieses magische Seil ist so lang oder kurz, wie Wonder Woman es will. Nicht einmal Superman kann es zerreißen.

Am merkwürdigsten und wunderbarsten ist jedoch, dass jeder, den das Lasso erwischt, die Wahrheit sagen muss. Dank dieser mächtigen Waffe können Schurken keine Geheimnisse vor Wonder Woman haben!

Als die mächtigste Kriegerin der Welt ist Wonder Woman mit der besten Rüstung, Werkzeugen und Waffen ausgestattet. Sie ist immer bereit zum Einsatz!

WONDER WOMANS WAFFEN

- Kann mit allen Waffen umgehen
- Bevorzugt traditionelle Amazonenwaffen wie Schwert und Schild
- Meidet Menschenwaffen wie Pistolen
- Nutzt meist Nahkampfwaffen, damit sie sich gut verteidigen kann

STIRNREIF

- Gehört Diana als Prinzessin von Themyscira
- Scharfe Ränder funktionieren wie Messer
- Kann man werfen wie einen Bumerang

ARMREIFE

- Ähneln traditionellen Amazonen-Armreifen
- Geschaffen aus Athenes Schild
- Nehmen keinen Schaden
- Wehren Kugeln ab

ADLERSYMBOL

- Ehrt die Göttin Athene

LASSO

- Geschaffen vom Gott Hephaistos
- Unzerreißbar
- Ändert Länge bei Bedarf
- Erzwingt Wahrheit

Stärke und Schnelligkeit

Bei Dianas Geburt schenken die Götter ihr besondere Kräfte. Demeter, die Göttin der Ernte, gibt Diana riesige Stärke. Wonder Woman kann ein Flugzeug über den Kopf heben und mit bloßen Händen Felsen zermalmen. Demeter gibt Wonder Woman auch die Fähigkeit, Verletzungen schnell zu heilen. Sie überlebt sogar, als man sie in die Sonne wirft!

Dank Hermes, dem Götterboten, bewegt sich Diana unfassbar schnell. Sie kann sogar fliegende Kugeln überholen. Hermes gibt Wonder Woman auch die Fähigkeit zu fliegen. Sie kann immer dorthin zischen, wo man sie braucht!

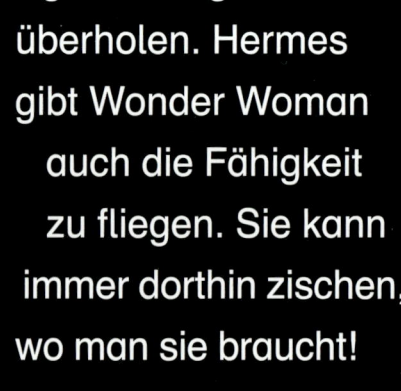

Supersinne und Weisheit

Artemis, die Göttin der Jagd, macht
Wonder Womans Sinne supermächtig.
Sie sieht in große Ferne und hört
leiseste Geräusche von weit weg.
Feinde kann sie gut verfolgen, weil sie
die Erschütterungen von deren Füßen
beim Laufen spürt.

Donna
Troy

Wonder
Woman

Von Athene, der Göttin der Weisheit,
erhält Wonder Woman die Fähigkeit, alle
Sprachen zu sprechen. Das passt gut zu
Athenes anderer Gabe: großer Weisheit
in Krieg und Frieden. Das heißt, dass
Wonder Woman hervorragend Kämpfe
plant und anführt, Friedensgespräche
leitet und sich mit allen anfreundet, auf
jedem Planeten.

Cassie
Sandsmark

Wonder Woman in Amerika

Noch bevor die Amazonen Diana in die moderne Welt schicken, entdeckt die moderne Welt die Paradiesinsel. Dort stürzt ein amerikanisches Militärflugzeug ab! Diana eilt dem Piloten zu Hilfe.

Während der Mann namens Steve Trevor gesund wird, freunden sich die beiden an. Sie einigen sich darauf, dass Steve Wonder Woman in Amerika vorstellen soll.

Wenn die Regierung nun mit Wonder Woman reden will, fragt sie Steve. Steve kämpft auch oft mit ihr gegen Verbrecher. Manchmal hilft er bei Wonder Womans Superheldenteam, der Justice League!

Etta Candy

Steve stellt Diana in Amerika vielen Leuten vor, darunter der Offizierin Etta Candy. Ettas Humor und Tapferkeit beeindrucken Diana, und bald werden sie beste Freundinnen.

Manchmal begleitet Etta Wonder Woman auf ihren Abenteuern. Etta hat keine Superkräfte, aber sie kann kämpfen, denkt schnell und handelt mutig. Sie und Wonder Woman sind ein tolles Team.

Wonder Woman vermisst trotzdem ihre Freundinnen aus Themyscira und genießt Besuche. Doch sie hat Spaß mit Etta, die immer mit guten Ratschlägen und furchtbaren Witzen für sie da ist.

DAILY PLANET

AMAZONENPRINZESSIN IN AMERIKA

Menschen auf der ganzen Welt sind verblüfft, weil eine bisher unbekannte Insel im Meer einen Stamm unsterblicher Frauen beherbergt. Und sie hören mit Begeisterung, dass eine dieser Frauen unter ihnen leben will ... als Superheldin!

Diana, genannt Wonder Woman, Prinzessin der Amazonen, kommt aus einem Land, das niemals Menschen und moderne Technik sah. Die Amazonen kennen nur den Frieden. Sie können uns bestimmt das ein oder andere beibringen.

Aber Diana ist nicht nur gekommen, um uns zu unterrichten. Sie will auch lernen. „So vieles hier ist mir

WILL MENSCHEN HELFEN!

unbekannt", sagt sie über unsere Welt, „und so vieles ist schön."

Die größte Überraschung ist, dass Diana nicht nur Prinzessin und Botschafterin ist: Sie hat auch viele Superkräfte, die es mit jedem Helden oder Schurken aufnehmen können. Sie kann fliegen, Tausende Kilos heben und eine Nadel in einem Kilometer Entfernung fallen hören. Sie spricht mindestens hundert Sprachen und es werden täglich mehr.

Mit Dianas Ankunft wurde die Welt diese Woche ein Stück wunderbarer.

Begleiterinnen

Donna Troy und Wonder Woman sind anfangs Gegnerinnen. Donna wird von einer bösen Zauberin erschaffen, um Wonder Woman zu ersetzen. Donna verliert gegen Diana und denkt daraufhin über ihr Leben nach. Sie beschließt, zur Superheldin Wonder Girl zu werden und an der Seite ihrer einstigen Feindin zu kämpfen.

Cassie Sandsmark ist ein normales Mädchen – bis ein magischer Gegenstand sie verändert. In ihren Abenteuern trifft sie Wonder Woman und erhält später Superkräfte vom Gott Zeus. Nun gehört sie zur Superheldengruppe Teen Titans und bekämpft als zweites Wonder Girl das Verbrechen!

Gefährliche Feinde

Barbara Minerva ist als Archäologin spezialisiert auf alte Waffen.
Eines Tages schneidet sie sich an einem verfluchten Messer. Die Magie des Messers verwandelt sie in ein Wesen halb Frau, halb Gepard. Sie verleiht ihr auch erstaunliche Geschwindigkeit und Stärke. Doch das böse Messer macht Barbara brutal und gierig. Sie wird zur Superschurkin Cheetah!
Cheetah erinnert sich an ihre Begeisterung für alte, seltene

Waffen. Darum will sie unbedingt Wonder Womans Lasso stehlen und sieht in Wonder Woman ihre größte Gegnerin.

CHEETAH

Echter Name:
Barbara Minerva

Beruf: Superschurkin,
ehemalige Archäologin

Superkräfte: Stärke,
Tempo, tierische Schläue
und Instinkte

Ursprung der Kräfte:
Verfluchtes Messer

Waffen: Klauen, Tücke

Ziele: Sammeln alter,
seltener Gegenstände
(oft Waffen), Sieg über
Wonder Woman

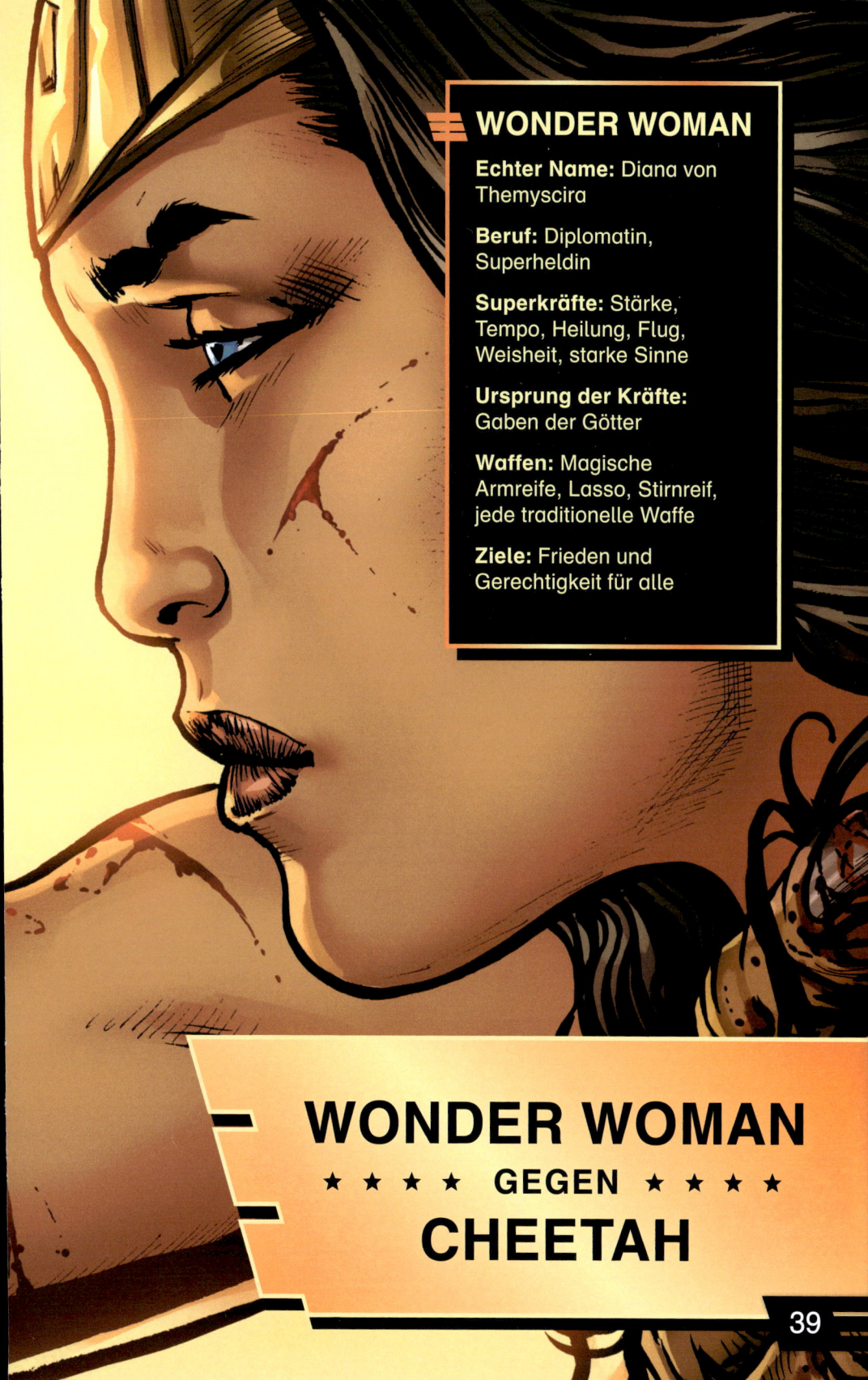

WONDER WOMAN

Echter Name: Diana von Themyscira

Beruf: Diplomatin, Superheldin

Superkräfte: Stärke, Tempo, Heilung, Flug, Weisheit, starke Sinne

Ursprung der Kräfte: Gaben der Götter

Waffen: Magische Armreife, Lasso, Stirnreif, jede traditionelle Waffe

Ziele: Frieden und Gerechtigkeit für alle

WONDER WOMAN
★ ★ ★ ★ GEGEN ★ ★ ★ ★
CHEETAH

Der Gott des Krieges

Nicht alle griechischen Götter mögen die
friedliche Paradiesinsel. Ares, der Gott
des Krieges, verabscheut das, wofür
die Amazonen stehen. Wonder Woman
hasst er noch mehr, denn sie hat die Insel
verlassen und trägt die Friedensbotschaft
in die Welt.

Als Gott ist Ares ein schrecklicher Feind.
Er ist genauso stark und schnell wie
Wonder Woman. Oft hat er listige Pläne,
um Wonder Woman zu besiegen. Da er

der Gott des Krieges ist, machen
ihn Zorn und Gewalt noch stärker.

Circe

Circe ist eine sehr böse, sehr mächtige Zauberin. Ihre Magie ist stark, denn sie ist mit den griechischen Göttern verwandt. Mit ihren Kräften kann sie fast alles tun, was ihr einfällt. Und da Circe gerne Leute bloßstellt und ärgert, will Wonder Woman sie immer aufhalten.

Circe lebt ewig und gibt sich selbst Superkräfte, die es mit denen von Wonder Woman aufnehmen können. Sie kann alles verwandeln: Land zu Wasser, Luft zu Stein, Menschen in Tiere. Sie kann sogar Erinnerungen verändern! Wonder Woman braucht all ihr Können, um sich gegen diese schreckliche Schurkin zu wehren.

Giganta

Dr. Doris Zuel ist eine geniale Forscherin, die gefährliche Experimente durchführt. Sie will ihren Geist in Wonder Womans Körper versetzen. Als das misslingt, führt Dr. Zuel Experimente an sich selbst durch, bis sie die Fähigkeit erlangt, Hunderte Meter groß zu werden.

Als Schurkin Giganta kann Dr. Zuel ihre Größe beliebig verändern. Die irre Forscherin erfindet einen kugelsicheren Anzug, der mit ihr wächst und schrumpft. Als Riesin ist sie auch extrem stark. Diese Superschurkin ist eine gigantische Herausforderung für Wonder Woman!

Seite an Seite

Es kommt vor, dass Wonder Woman mit anderen Superhelden zusammenarbeitet. Oft kämpft sie gemeinsam mit dem Außerirdischen Superman. Er kam vom Planeten Krypton auf die Erde, als seine Heimat explodierte. Er sieht aus wie ein Mensch, hat aber erstaunliche Fähigkeiten. Mit seinen Kräften schützt er die Menschen, besonders in seiner Heimatstadt Metropolis.

Superman und Wonder Woman haben

viel gemeinsam: Sie kämpfen beide für Frieden und Gerechtigkeit. Sie kommen beide von Orten, die kaum einer kennt. Sie haben sogar vergleichbare Superkräfte!

Der Dunkle Ritter

Mit einem weiteren Superhelden hat
Wonder Woman nicht viel gemeinsam –
Batman, dem Beschützer von Gotham City.
Batman ist den Leuten kein gutes Vorbild
wie Wonder Woman, sondern macht
ihnen Angst, damit sie Gutes tun.
Wonder Woman ist es egal, ob man
sie sieht, aber Batman ist am liebsten
nachts unterwegs. Batman hat keine
Superkräfte – stattdessen trainiert er,
um möglichst schnell und stark zu sein.

Batman baut auch Geräte und Fahrzeuge,
die ihm helfen. Er kann nicht fliegen wie
Wonder Woman, steuert dafür aber
sein Flugzeug.

49

DREIGESTIRN
Wonder Woman, Batman und Superman

Wonder Woman, Batman und Superman sind die mächtigsten Helden der Erde! Sie kämpfen für Gerechtigkeit, aber jeweils auf ihre Art und aus eigenen Gründen.

SUPERMAN

Krypton-Name: Kal-El

Menschenname: Clark Kent

Spitznamen: Mann aus Stahl, Mann von Morgen

Beruf: Zeitungsreporter

Fähigkeiten: Stärke, Tempo, Flug, Hitzeblick, Kältepuste, Supergehör, Röntgenblick

Wurde Superheld, um: seine kryptonischen Kräfte zum Guten zu nutzen

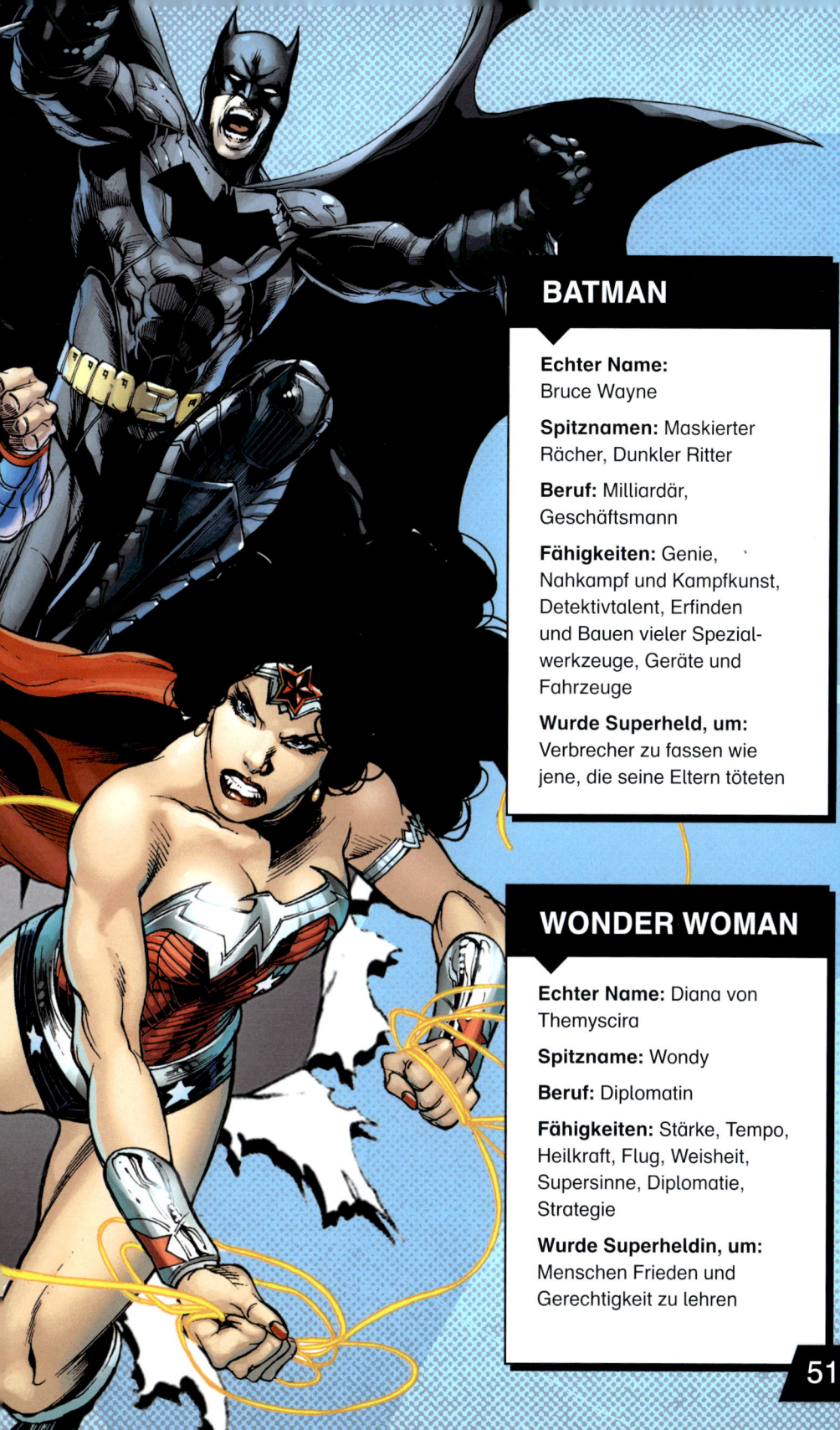

BATMAN

Echter Name:
Bruce Wayne

Spitznamen: Maskierter Rächer, Dunkler Ritter

Beruf: Milliardär, Geschäftsmann

Fähigkeiten: Genie, Nahkampf und Kampfkunst, Detektivtalent, Erfinden und Bauen vieler Spezialwerkzeuge, Geräte und Fahrzeuge

Wurde Superheld, um: Verbrecher zu fassen wie jene, die seine Eltern töteten

WONDER WOMAN

Echter Name: Diana von Themyscira

Spitzname: Wondy

Beruf: Diplomatin

Fähigkeiten: Stärke, Tempo, Heilkraft, Flug, Weisheit, Supersinne, Diplomatie, Strategie

Wurde Superheldin, um: Menschen Frieden und Gerechtigkeit zu lehren

Die Justice League

Superman, Batman und Wonder Woman sind sehr starke Superhelden. Sie werden mit den meisten Verbrechern mühelos fertig. Doch manchmal taucht ein Schurke auf, der so gefährlich ist, dass ihn kein Superheld allein aufhalten kann.

Darum haben sich die mächtigsten Superhelden der Erde zur unglaublichen Supergruppe zusammengetan.
Jeder für sich sind sie Superman, Batman, Wonder Woman, Aquaman, Green Lantern, der Flash und Cyborg.
Zusammen sind sie die Justice League!
Dieses Team hat die Erde schon oft gerettet. Sie nehmen es mit jedem auf, sogar mit Schurkengruppen!

FLASH

Echter Name: Barry Allen

Beruf: Forscher

Ihn trifft der Blitz, als er mit gefährlichen Chemikalien hantiert. So wird Barry Allen zum schnellsten Menschen. Flash ist schneller als das Licht, und damit kann er auch schnell heilen und lernen.

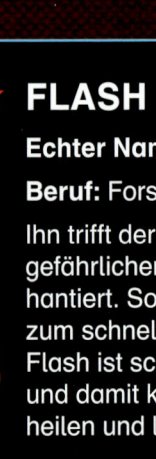

AQUAMAN

Echter Name: Arthur Curry

Beruf: König von Atlantis

Aquaman ist der Sohn eines menschlichen Vaters und einer Mutter aus dem Unterwasserreich Atlantis. Er ist superstark, kann unter Wasser leben und mit jedem Meereslebewesen reden.

JUSTICE LEAGUE, ANTRETEN!

In der Halle der Gerechtigkeit

GREEN LANTERN

Echter Name: Hal Jordan

Beruf: Pilot

Der mutige Testpilot Hal Jordan wird ins Green Lantern Corps gewählt, eine intergalaktische Polizei. Mit seinem Energiering kann Green Lantern fliegen, sich schützen und beliebige Formen aus Licht erzeugen.

CYBORG

Echter Name: Victor Stone

Beruf: Vollzeit-Superheld

Victor Stones Körper wird nach einem Unfall mit Roboterteilen wiederhergestellt. Diese Erweiterungen verbessern Cyborgs Sinne, machen ihn superstark und lassen ihn fliegen und Schallwellen abfeuern.

Wonder Woman kann in der Justice League mit allen möglichen ungewöhnlichen Superhelden zusammenarbeiten!

Eine Heldin
für uns alle

Die Amazonen lehren sie, gerecht, friedlich und stark zu sein. Die Götter schenken ihr Superkräfte und ihre Mutter gibt ihr eine Mission. Prinzessin Diana von Themyscira zieht aus, ohne zu wissen, was sie finden wird.

Sie findet Freunde fürs Leben. Sie findet mächtige Gegner. Sie findet Menschen, die sie brauchen, und Superhelden, die an ihrer Seite kämpfen. Ob alleine, mit Freunden oder mit supermächtigen Teamkameraden, Wonder Woman ist immer bereit, jenen zu helfen, die sie brauchen.

Wenn du in Schwierigkeiten bist, ist Wonder Woman mit dir!

Quiz

1. Wie nennt man Themyscira noch?

2. Worum bittet Hippolyta die Götter?

3. Wovon ist Athene die Göttin?

4. Was macht Hephaistos für Wonder Woman?

5. Wer gibt Wonder Woman die Fähigkeit zu fliegen?

6. Wer ist Wonder Womans beste Freundin?

7. Wie lautet Cassie Sandsmarks Superheldenname?

8. Was sammelt Cheetah am liebsten?

9. Mit welchem Superhelden hat Wonder Woman viel gemeinsam?

10. Wie lautet Wonder Womans Spitzname?

Antworten auf Seite 64

Begriffe

Archäologin
Jemand, der alte Völker und das, was sie hinterlassen haben, studiert hat.

Botschafter, Botschafterin
Jemand, der für ein Land sprechen darf.

Chemikalien
Ein künstlich hergestellter Stoff.

Diplomatie
Verhandeln, indem man die Gefühle und Nöte anderer versteht und respektiert.

Ernte
Pflanzen sammeln, die man zum Essen anbaut.

Instinkt
Eine natürliche Reaktion ohne Nachdenken.

Paradies
Ein Ort, an dem alles perfekt ist.

Satellit
Eine Maschine,
die um die Erde
fliegt und Informationen
sammelt.

Schläue
Wissen und Fähigkeit, Dinge
durch Tricks zu bekommen.

Schmied
Jemand, der Dinge aus
Eisen herstellt.

Traditionell
Etwas, das man schon sehr
lange so macht.

Tücke
Bösartiges Vorgehen.

Turnier
Wettbewerb, in dem Leute um
einen Preis antreten.

Vermessen
Eine Landkarte von etwas anfertigen.

Liebe Eltern,

Lesen macht Spaß! Denn es gibt so viele spannende Geschichten. Und Lesen ist sehr nützlich, denn viele Informationen erschließen wir uns lesend. Beides sollte Ihr Kind am Ende seines Leselern-Prozesses erfahren haben.

Mit den **SUPER**LESER!-Büchern für Erstleser möchten wir Ihrem Kind genau das vermitteln. Die Leseabenteuer in drei verschiedenen Lesestufen verbinden wunderbar spannende Geschichten mit vielen interessanten und nützlichen Sachinformationen in unterschiedlichen Textformen z. B. Berichte, Briefe, Bastelanleitungen, Rezepte oder Infotafeln.

So können Sie Ihr Kind dabei unterstützen, dass es begeistert und erfolgreich lesen lernt:

Haben Sie Geduld! Nicht jedes Kind ist eine geborene Leseratte und manche brauchen etwas länger, um sich mit dem Lesen anzufreunden. Lesen Sie Ihrem Kind auch weiterhin vor. Dabei bekommt es ein Gefühl für fließendes Lesen, ausdrucksstarke Sprache und richtige Betonung. Fragen Sie es immer wieder einmal, ob es Ihnen vorlesen möchte. Seien Sie geduldig. Irgendwann wird die Neugier auf die Geschichten siegen.

Je mehr, desto besser! Mit jedem Text, den Ihr Kind liest – sei es ein Gedicht, eine Geschichte oder ein Sachtext –, werden sich seine Lesefähigkeit, sein Gefühl für Sprache und sein Verständnis schwieriger Wörter weiterentwickeln. Am besten liest es regelmäßig, aber nur so lange, wie es mag. Dabei reichen am Anfang zehn Minuten völlig aus.

Nicht zu schnell! Achten Sie darauf, dass Ihr Kind sich Zeit nimmt, jedes Wort in Ruhe auszusprechen und seine Bedeutung zu verstehen. Die Sachtexte sind für Ihr Kind etwas schwerer zu lesen als die erzählenden Passagen. Loben Sie Ihr Kind, wenn es sich ein schwieriges Wort erschlossen hat oder einen Satz noch einmal anders betont liest, nachdem es den Sinn verstanden hat.

Seien Sie ein guter Zuhörer! Wenn es bereit ist, lassen Sie Ihr Kind laut vorlesen und hören Sie ihm aufmerksam zu. Unterbrechen Sie es nur, wenn es wirklich nötig ist. Oder machen Sie zwischendurch, zum Beispiel vor Beginn eines neuen Kapitels, kleine Pausen, in denen Sie über das Gelesene sprechen. Auch die Quizfragen am Buchende bieten eine spielerische Möglichkeit, das Textverständnis zu überprüfen.

Geteilte Freude ist doppelte Freude! Laden Sie andere Zuhörer und Vorleser – Geschwister, Großeltern oder gute Freunde – ein: Lesen Sie mit verteilten Rollen oder veranstalten Sie einen Lesenachmittag. Nach der ersten Aufregung werden Stolz und Freude an den geteilten Geschichten überwiegen.

Seien Sie Vorbild! Wenn Sie selbst viel lesen, wird auch Ihr Kind dies als selbstverständliche und erfüllende Beschäftigung kennenlernen.

Spaß muss sein! Wählen Sie die Bücher und Texte nach den Interessen Ihres Kindes aus. Das erhöht die Lust aufs Lesen und sorgt für lang anhaltende Motivation.

Wir wünschen Ihnen und Ihrem Kind viel Freude beim gemeinsamen Lesen!

**Antworten für das Quiz
auf Seite 58 und 59:**

1. Paradiesinsel, **2.** Ein Kind, **3.** Weisheit,
4. Ihr Lasso, **5.** Hermes, **6.** Etta Candy,
7. Wonder Girl, **8.** Alte Waffen, **9.** Superman,
10. Wondy.

Annas Safari-Tagebuch

Meine Reise zu den Elefanten

Besuch vom Dino-Forscher

LEGO NEXO KNIGHTS
RITTER GEGEN MONSTER

Mats und Pia retten eine Robbe

Kampf um Burg Eliot

Expedition zum Mars

Wettlauf zum Mond

STAR WARS
DIE GESCHICHTE VON DARTH VADER

WONDER WOMAN
SUPERHELDIN UND PRINZESSIN

Krokodil-Abenteuer am Fluss

Mein Sommer mit den Pandas

Heute mal Prinzessin?

STAR WARS
FINNS AUFTRAG

Paul im Fußballcamp

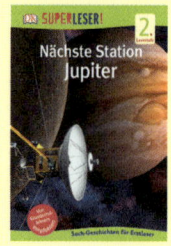
Nächste Station Jupiter

STAR WARS REBELS
ANGRIFF AUF DAS IMPERIUM

STAR WARS
MUTIGE HELDEN

Abenteuerferien im Regenwald

Willkommen auf meiner Burg

LEGO friends
Ein Sommer voller Abenteuer

LEGO NINJAGO
DIE GROSSE VERFOLGUNGS-JAGD

Lottes Reise durch den Dschungel

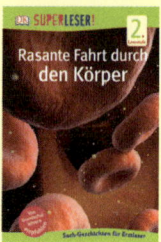
Rasante Fahrt durch den Körper

Die geheime Welt der Haie

LEGO NINJAGO
DIE GRÖSSTEN NINJA-ABENTEUER